AF257572

RÉPONSE

A LA LETTRE

DE M. BERGASSE

A SES COMMETTANS

SUR LES ASSIGNATS.

RÉPONSE

A LA LETTRE

DE M. BERGASSE

A SES COMMETTANS

SUR LES ASSIGNATS,

Par des Membres d'un des Clubs Patriotiques du Havre, imprimée par Délibération de cette Société.

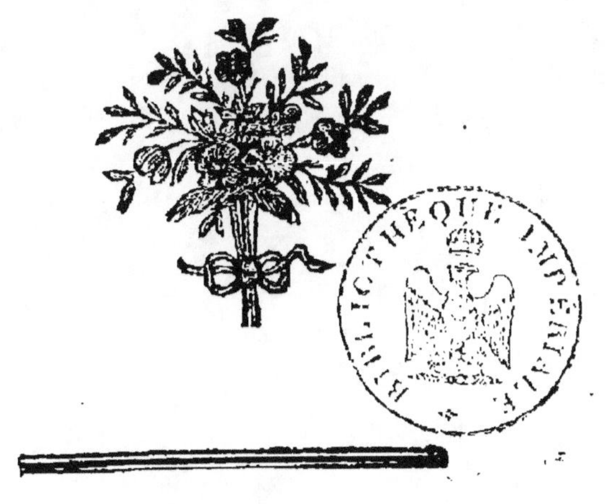

1790.

AVERTISSEMENT.

CETTE Réponse eſt le réſultat des conver-
ſations qu'ont fait naître, dans un des Clubs
du Havre, les proteſtations de M. Bergaſſe,
contre le Decret des Aſſignats. Elle étoit
ſoumiſe à l'examen des Commiſſaires de
cette Société, avant que la Chronique de
Paris, de 1 Mai, eût annoncé la réfutation
de MM. Cérutti & Claviere, intitulée :
*Idées ſimples ſur les Aſſignats, le Papier
Monnoie*, &c.

Les Rédacteurs de la Réponse à M. Bergaſſe n'ont pas, ſans doute, la prétention
d'avoir atteint la perfection de l'ouvrage (1)
de ces Ecrivains célèbres & eſtimables. Ils
en ont fait l'obſervation, qui auroit dû rendre
leur travail inutile.

La Société n'en a pas moins décidé de
la faire imprimer à ſes frais, afin d'oppoſer

______

(1) Cet Ouvrage n'eſt point encore connu au Havre.

la maffe de confiance & d'opinion d'une Ville de Commerce , aux objections de M. Bergaffe.

Ce travail n'a pas eu d'autre intention ; il ne peut avoir d'autre mérite. Les Rédacteurs n'ont fait que rendre la manière de penfer d'une Société & d'une Ville entière, qu'animent les plus purs fentimens du patriotifme.

MONSIEUR,

NOUS venons de lire la protestation, que vous avez publiée contre les Assignats, & la lettre à vos Commettans, qui en est le dévelopement. Nous avons de la peine à concevoir l'espèce de délire qui vous tourmente.

Comment avez-vous pu vous persuader que la vérité chassée, méconnue des têtes Françoises, s'étoit réfugiée dans la vôtre, qu'elle dictoit ses arrêts par vos écrits, & que seul vous aviez raison contre tous? Quels sont les miracles qui prouvent votre mission? Quels chefs-d'œuvre avez-vous publiés? A quels signes a-t-on pu reconnoître en vous un de ces génies privilégiés, créés pour éclairer la terre? Hélas! ces titres, nous les cherchons envain.

A l'instant où l'on commence à s'appercevoir que vous existez, vous devez une malheureuse célébrité à un procès criminel *devenu trop fameux*. Au lieu de faits, de témoins, de preuves, votre imagination compose un Roman. Rien ne vous arrête, la malignité vous croit sur parole. La probité la plus austere se laisse entraîner. Vos succès sont complets!.....

Enfin, un juste Arrêt vous condamne. Vous n'êtes plus aux yeux de l'Europe, qu'un Ecrivain qui s'est envelopé de tous les prestiges

A 3

de la vertu ; de la morale, de l'éloquence ; pour immoler la réputation d'une femme plus foible, plus malheureuse, que coupable.

Comment avez-vous justifié le choix de vos Commettans, qui vous ont nommé leur Représentant aux Etats-Généraux ? Par votre opposition constante aux principes de la majorité.

Voilà, Monsieur, ce qu'un examen rapide de votre existence, depuis quelques années, nous a fait remarquer ; & ce seroit vous, qui pourriez avoir l'orgueilleuse prétention de guider, d'éclairer, de dominer l'opinion ? C'est vous, qui gonflé de la vanité la moins fondée, venez aujourd'hui protester contre les Décrets de l'Assemblée Nationale. C'est vous qui opposez votre nom, qui ne voulez pas prêter un serment, que 24 millions d'hommes ont prêté avec transport ! C'est enfin vous qui cherchez à discréditer une opération sollicitée par l'expérience, par les lumières des Banquiers, des Négocians du Royaume, commandée par l'impérieuse nécessité, & décrétée avec une prudence, qui devoit imposer silence, même à la haine la plus incurable.

Tous vos efforts, Monsieur, sont inutiles ; les Assignats triompheront des traits que vous leur avez lancés. Vous n'altérerez pas la confiance qu'ils ont inspirée. Un plaidoyer dont l'humeur, l'ignorance & l'exagération, composent l'ensemble & les seules preuves, nuit toujours à la cause qu'il défend.

Il est tems de vous démontrer la sagesse,

les avantages, & la néceffité du Decret fur
les Affignats.

Lorfque l'Affemblée Nationale s'eft occupée
de régénérer les Finances, elle a dû détruire
l'ufage ruineux des anticipations, & n'en
payer pas moins, de mois en mois, les dé-
penfes courantes ; il a bien fallu, pour que
le fervice ne manquât pas, pour remplir
l'arriéré, qui s'élève à des fommes connues,
avoir recours à d'autres reffources.

Dans un tems ordinaire, de nouveaux emprunts auroient peut-être fait face à tout ;
mais l'abus fucceffif & multiplié des anciens
emprunts, venant à fe renouveller, a paru,
avec raifon, ne devoir fervir qu'à accroître les
befoins, fans remédier à rien. La confiance
étoit épuifée ; le défaut de récolte exigeoit des
fecours extraordinaires & particuliers ; une
fermentation naturelle à un Peuple incertain
du fuccès de fes efpérances, des infurrec-
tions juftifiées par cette incertitude, par la
malveillance, les oppofitions, les obftacles
apportés à la Conftitution, qui doit affurer les
principes de fa liberté, ont interrompu, dans
toutes les Provinces, la perception des im-
pôts directs & indirects. Il étoit impoffible
de parer aux maux qui, dans cette pofition,
nous menaçoient, fans la fageffe de l'Affemblée Nationale.

Elle a decrété qu'il feroit vendu pour quatre
cents millions de Biens Nationaux, & que
le produit de cette vente feroit fourni au
Tréfor public en Affignats qui auront force
de monnoie. Ils feront reçus de préférence

en paiement des Biens , dont la vente est déterminée, ils porteront l'intérêt de trois pour cent, & ils seront anéantis à fur & mesure que la vente de ces Biens s'opérera.

Tout est combiné de manière que ces Biens soient portés à toute leur valeur, & que l'émission des Assignats ne soit à charge, ni aux Particuliers, ni à l'intérêt général. C'est donc, sous tous les rapports, la meilleure opération, dont l'état de nos Finances soit susceptible.

Vous prétendez, Monsieur, que les Assignats ressemblent aux Billets de Law ; vous allez plus loin, vous donnez la préférence à ces derniers, parce qu'ils étoient hypothéqués sur les revenus publics, tandis que les autres ne le font que sur des Biens spoliés.

Les billets de Law n'ont absolument rien de commun avec les Assignats. Ou vous ne connoissez pas les bases du trop fameux système, ou votre imagination les a tronquées. Dans l'un ou l'autre cas, pourra-t-on se figurer l'assurance avec laquelle vous présentez le plus perfide & le plus faux des parallèles.

Les Billets de Banque n'avoient aucune hypothèque. Vous les confondez avec les actions de la Compagnie d'Occident, à laquelle furent réellement réunies un instant toutes les Fermes, Régies & autres revenus du Royaume, non comme hypothèque, mais comme pouvant composer une partie des bénéfices dividentiels des actions.

Supposons, d'après vous, que les revenus publics servoient d'hypothèque à l'acquit des

Billets de Banque. Est-il possible que vous n'ayez pas senti que plus cette hypothèque étoit indéfinie, plus elle devenoit illusoire? En effet, les revenus publics sont destinés aux dépenses ordinaires de l'Etat, qu'aucun pouvoir ne peut ni suspendre, ni aliéner.

D'un autre côté, les bénéfices des Compagnies des Indes, les Trésors que devoient rendre les établissemens du Mississipi, étoient des chimeres, dont Law avoit bercé la crédulité des Actionnaires ; *mais encore une fois*, ces bases dérisoires de bénéfices, loin de servir d'hypothèque aux billets de Banque, leur étoient tout-à-fait étrangères.

Supposons à présent qu'il eût été offert une hypothèque quelconque à ces Billets, eût-elle jamais présenté la moindre solidité ? ce qui les rendoit par-dessus tout dangereux, c'est que l'administration n'avoit aucune stabilité, que les Ministres pouvoient tout, & qu'ils devoient tôt ou tard abuser de ces Billets.

La position actuelle est-elle la même ? Avez-vous été de bonne foi, lorsque vous l'avez comparée au tems de la régence ? Ce n'est plus un Ministre qui crée les Assignats ; c'est la Nation. Les voilà garantis par la morale d'un Peuple généreux, qui a repoussé, avec horreur, l'idée de manquer à des engagemens, contractés par une suite inouïe de déprédations. Les Assignats mériteroient toute confiance, quand ils n'auroient d'autre garantie que cette morale publique ; mais, indépendamment de tous les revenus Nationaux, ils offrent encore une hypothèque physique & spéciale ; ce sont les Biens du Clergé & des Domaines. Ces propriétés Nationales serviront à les acquitter, rien ne peut les faire disparoître, ni changer leur destination.

Parce que Law mit en circulation pour deux ou trois milliards de papier monnoie, en moins de quinze mois, vous en concluez que l'Assemblée Nationale en fera autant. Il est possible qu'elle augmente la masse des Assignats ; mais elle ne s'y décidera jamais qu'en connoissance de cause, que dans une proportion relative à la valeur des objets qui seroient désignés par leur estimation, & dans une proportion relative à l'emploi qui peut s'en faire, sans arrêter la circulation ordinaire. Un Ministre peut sacrifier l'Etat à ses vues, à ses intérêts, à ses passions. Les Représentans de la Nation ne peuvent agir que pour son plus grand avantage. S'il est quelques Individus, dans une nombreuse Assemblée, capables d'oublier leurs devoirs, ils sont bien vîte dévoilés ; ils cessent alors d'être dangereux. Nous ne pouvons donc partager les terreurs que vous cherchez à nous inspirer.

En raisonnant comme vous le faites, Monsieur, il n'est rien au monde qu'on ne puisse attaquer & détruire. Tous les liens de la société seroient rompus, si, sur quatre-vingt-dix-neuf probabilités pour le bien, contre une pour le mal, cette dernière probabilité entraînoit l'opinion.

Vous dites, Monsieur, que l'Assemblée Nationale n'a pu dépouiller le Clergé de ses biens, vous nous prédifez qu'une autre Légiflature changera le Decret, rendra au Clergé fes biens, & ruinera les acquéreurs affez imprudens pour avoir eu confiance en ce Decret.

Nous ne vous répéterons point les Difcours des Orateurs qui ont approfondi les droits de la Nation fur les biens du Clergé. Cette queftion a été long-temps débattue avant que le Decret ait été prononcé. La décifion de la majorité de l'Affemblée Nationale, & la fanction donnée au Decret par la France entière, ne font d'aucun poids pour vous. Nous vous invitons à lire en entier, pour votre converfion, une brochure eftimable qui a pour titre : *Le Decret de l'Affemblée Nationale fur les biens du Clergé, confidéré dans fon rapport avec la nature & les loix de l'inftitution Eccléfiaftique, par M. l'Abbé L.... 1790. Chez Mérigot le jeune, Libraire, fur le Quai des Auguftins, n.°38.*

Vous y trouverez démontré que l'Eglife eft, de droit divin, inhabile à poffséder des fonds en propriété ; que c'eft, pour une inftitution effentiellement fpirituelle & religieufe, une dégénération auffi choquante de s'attribuer le domaine d'un champ, que fi l'inftitution civile s'approprioit la difpenfation des biens céleftes ; que rien de temporel ne peut être mis entre les mains de l'Ordre Eccléfiaftique, qu'à titre de dépôt, de falaire ou d'aumônes.

Vous y verrez qu'il n'y a point de parts facerdotales dans un pays où toutes les parts ont été faites avant que le miniftère facerdotal vînt s'y établir ; que toutes les réfignations, les dotations Eccléfiaftiques, ne font

(14)

autre chofe que des réfignations faites à la
Nation; que ce font des dons faits à l'Etat
pour l'Eglife, & non des biens donnés à
l'Eglife; que tout Fondateur n'a pu donner
à l'Eglife que felon la loi, qu'en fubordon-
nant fes difpofitions aux règles éternelles
de la juftice & de la vérité, & qu'aucune
difpofition n'a pu changer, en faveur de
l'Eglife, fa Conftitution qui la rend inhabile,
à un mode de poſſéder qui eft contre la
nature.

Vous y verrez, enfin, qu'une expérience
de dix-fept fiècles a prouvé que les richeffes (1),
dans le Clergé, anéantiffent toute la force
du miniftère Evangélique, & perdent entiè-
rement la Religion.

Voilà, Monfieur, des principes qui tien-
nent à la nature des chofes, auffi bien qu'aux

______

(1) Il s'en faut bien que toutes les fources de ces
richeffes foient pures, & que le Clergé puiffe les juftifier.
Comment a-t-il été invefti de la plupart de fes pré-
tendues propriétés? Par fes rufes, par fes contes pieux,
par l'abus des prédictions de la fin du monde; par fon
afcendant fur l'efprit des Rois, des Grands, des Com-
munautés, des Dévots abufés, des Ames timorées,
fans ceffe effrayées par l'image d'un Dieu terrible. Comment a-t-il été invefti? Souvent par de grands fcélérats,
qui devoient leurs biens aux vols, au brigandage; &
qui, en en donnant une partie au Clergé, croyoient,
d'après fes prédications, pouvoir conferver le refte
fans remords. Voilà ce qu'une tradition & des chartes
authentiques nous ont confervé de l'origine des Biens
du Clergé.

Comment ont-ils été diftribués entre les Miniftres

élémens de la Religion ; vos idées, ainſi que celles de quelques théologiens, ne peuvent les altérer.

Il réſulte de ces principes que le Decret de l'Aſſemblée Nationale, qui rend à la Nation ſes droits ſur les biens du Clergé, *eſt un Decret juſte, moral & conforme à toutes les loix de cette équité naturelle, dont un Légiſlateur ne doit jamais s'écarter.* Il en réſulte encore que l'hypothèque des Aſſignats ſur ces biens eſt de toute ſolidité, & qu'aucune Légiſlature ne troublera ceux qui les auront acquis. *Ces Légiſlatures,* ſeront compoſées non de vos diſciples, mais des perſonnes, qui aſſurément ne penſeront pas à rendre aux Abbés Commendataires & autres Membres tout-à-fait inutiles à l'Egliſe, des biens qui ſeront occupés par leurs Concitoyens, ſur la foi d'un

---

des Autels ? La diſtinction la plus humiliante s'eſt d'abord établie entr'eux *de Haut & Bas Clergé.* Le premier étalant par-tout un luxe ſcandaleux, tout-à-fait inutile à la Religion qu'il déshonoroit, réuniſſoit, accaparoit ſans travaux Apoſtoliques, tous les Bénéfices d'un immenſe revenu. Le ſecond, ſimple, modeſte, édifiant les fidèles par ſes vertus, inſtruiſant autant par ſes œuvres que par ſes paroles, avoit à peine le néceſſaire.

Combien ce tableau eſt loin de la pureté Evangélique, qui par-tout recommande le mépris des richeſſes, la fraternité, la touchante égalité. L'Aſſemblée Nationale s'eſt pénétrée des ſaintes maximes du premier des Légiſlateurs ; & en décretant que les Biens du Clergé ſont à la diſpoſition de la Nation, elle le ramenera à ſa pureté primitive.

Decret folemnel. C'eft encore ici le cas de fe décider fur l'affirmative, & d'adopter dix mille probabilités contre une.

Vous affurez, Monfieur, que les biens du Clergé ne fubviendront pas aux charges dont ils font grevés, & qu'on ne peut, en les aliénant, les délivrer de leurs charges, fans mettre fur la Nation un impôt énorme de 130 millions, pour fubvenir aux frais du Culte. Vous ajoutez qu'il reftera en outre à pourvoir aux befoins des pauvres.

Nous penfons, avec le Comité Eccléfiaftique de l'Affemblée Nationale, que ces charges, ces hypothèques, dont on publie par-tout que les biens du Clergé font grevés, font moins confidérables que vous ne preñez plaifir à le publier, & que toutes les dettes payées, il reftera au moins 12 à 1500 millions dont la Nation pourra difpofer.

Les capitaux de ces dettes, les intérêts font connus: Nous ne nous fommes pas apperçus que, pour les acquitter, le haut Clergé ait rien pris jufqu'ici fur fes revenus, rien diminué de fes jouiffances & de fon luxe. Si ces biens étoient grevés au point qu'on cherche à le perfuader, le Clergé mettroit-il tant d'importance à les conferver? Auroit-il offert d'ajouter 400 millions à cette dette, pour en conferver le furplus? Cette offre n'eft-elle pas une preuve des abondantes reffources que la Nation trouvera dans ces biens, apres avoir prélevé la dépenfe du Culte? La Nation pourra-t-elle moins en les gérant par l'élite des Citoyens qui compofent les Affemblées Adminiftratives, que le Clergé n'auroit pu lui-même? Le doute que vous élevez, à cet égard, eſt une injure gratuite. Dans tous les tems, même ſous le règne de l'arbitraire, les adminiſtrations civiques ont été recommandables par la pureté, le déſintéreſſement, l'exactitude de leur geſtion, elles rempliront encore leur devoir avec plus d'émulation. Notre confiance, nos eſpérances ne ſeront pas trompées ; elles ne peuvent l'être, la ſageſſe des Decrets y a pourvu.

Vous eſtimez, Monſieur, à 130 millions les frais du Culte ; permettez que nous ayons plus de ſoi dans la fixation qui ſera decrétée par l'Aſſemblée Nationale. D'ici-là, nous pouvons douter de la vôtre.

Pour ſubvenir à ces frais, vous ne parlez pas des moyens que donne la ſuppreſſion des dîmes. — Cet impôt, le plus onéreux de tous, ne rendoit pas au Clergé qui le percevoit le cinquième du revenu des terres du Royaume, parce qu'il falloit prélever les bénéfices du fermier, & les frais de l'exploitation ; mais le malheureux cultivateur n'en payoit pas moins ce cinquième net dans les bonnes terres, & plus du cinquième dans les mauvaiſes. Croyez-vous que, ſachant calculer, il puiſſe ſe refuſer à payer l'impoſition que l'entretien du Culte exigera ? Il ſaura très-bien que cette impoſition, s'élevât-elle à 130 millions, (ce qui n'arivera pas d'après une ſage combinaiſon des ſalaires Eccléſiaſtiques) il paiera peut-être la moitié moins qu'il ne payoit par la dîme, dont la remiſe lui eſt faite.

Quant aux pauvres, il faudroit démontrer que c'est le Clergé qui les a nourris, secourus, consolés, pour être autorisé à dire qu'ils deviendront une nouvelle charge pour le Peuple (1) C'est, Monsieur, ce que vous n'avez pas fait, car vous savez très-bien que le soulagement des pauvres étoit, à quelque exception près, étranger au Clergé. La charité n'entroit point dans des cœurs dont les plaisirs, les commodités, les vanités du siècle s'étoient emparés. Cette vertu céleste s'étoit exilée sous l'humble toit du Presbytère; c'est-là que nous avons vu de respectables Pasteurs, partager leur sobre potage avec le pauvre, & le renvoyer avec des aumônes.

Ce n'est donc pas seulement de cette source, que les pauvres reçoivent leur subsistance. Elle est partagée par cette classe nombreuse de profanes, de mécréans, de phylantropes, qui ne font pas chrétiens, parce qu'ils osent applaudir *à la spoliation du Clergé*; les pauvres ne se sont pas mal trouvés de ce partage, il n'est pas venu à notre connoissance qu'il en soit mort un seul, faute de secours; la société continuera les mêmes soins dont elle s'est chargée jusqu'ici. Si un autre ordre de choses s'établit, s'il est possible d'améliorer le sort des pauvres par un impôt, ce ne sera pas une charge nouvelle, ce ne sera que l'équivalent de ce qui se donnoit volontairement.

____

(1) Voyez la lettre du Laboureur des environs d'Alençon, chez Faure, au Havre.

Nous

Nous penſons avoir répondu, Monſieur, aux difficultés que vous avez élevées ſur la ſolidité de l'hypothèque des Aſſignats. Vous en avez ſûrement ſenti toute la foibleſſe, car ſi vous aviez cru pouvoir ébranler cette opération par ſes fondemens, vous ne vous ſeriez pas acharné, comme vous l'avez fait, ſur les acceſſoires. Certain de votre ſuccès, quant au fonds, vous auriez mépriſé les détails? vous ne vous ſeriez pas complu à entaſſer chicane ſur chicane. Votre imagination ne ſe ſeroit pas procuré ſes jouiſſances ordinaires. Il lui faut des fantômes à combattre; c'eſt votre triomphe, & vous avez triomphé. Tâchons cependant de diſſiper vos illuſions.

Le *Papier chaſſe l'Argent*, &c.

Ce principe eſt juſte dans certains cas; mais il ne peut s'appliquer aux aſſignats; ils doivent produire un effet tout différent. L'argent qui reſte en caiſſe ne produit rien. Les aſſignats qui produiſent un intérêt, ſeront préférés pour tous les dépôts, & par les particuliers qui ont de l'argent oiſif, ou qu'ils ſont obligés de garder. Alors l'argent rentrera en circulation, les aſſignats ſeront recherchés au pair, & peut-être même avec bénéfice. Si cette Circulation n'eſt pas encore établie, il faut s'en prendre aux ennemis de la patrie, aux gens qui abuſent de leur talent pour alarmer les Citoyens. Cet effroi n'aura qu'un tems; il n'eſt pas dans la nature humaine d'éternifer ſes vengeances; de pareils monſtres, s'ils exiſtent, ſont rares, l'accaparement de l'argent dont on ne peut douter, eſt trop contraire aux intérêts de l'accapareur, pour qu'il ne ſoit pas bien vîte dégoûté d'une bouderie, qui lui coûtera cher. Ici on ne peut croire à la perſévérance; elle ſeroit trop extravagante.

Le papier doublera & triplera promptement la dépenſe, en faiſant augmenter le prix de chaque choſe , &c.

Cela ne ſeroit encore vrai, que dans le cas où la mobilité des principes de l'Aſſemblée Nationale, lui permettroit de faire des aſſignats un uſage immodéré. Tel homme ſe ruine, en faiſant uſage de ſon crédit ; tel autre s'enrichit : il n'y a de différence que dans la ſage adminiſtration de ce moyen. Un Miniſtre pourroit en abuſer ſans doute, vous le prouvez très-bien. Nous vous répétons que votre preuve ne peut s'appliquer aux Repréſentans de la Nation , & qu'ils n'uſeront du crédit, de la reſſource des aſſignats, que pour la félicité commune.

Lorſque les ennemis de la Conſtitution ſe ſont ligués pour faire diſparoître le numéraire, la ſomme des aſſignats qui le remplace étant bien inférieure, à la ſomme d'argent qui manque évidemment a la circulation, ils ne peuvent avoir aucun mauvais effet , aucune influence ſur les dépenſes ordinaires. La combinaiſon de l'émiſſion des aſſignats nous paroît telle, que l'argent ne peut reparoître, ſans qu'ils diſparoiſſent à leur tour ; mais tant que l'argent reſtera caché, les aſſignats le remplaceront, & nous mettront dans le cas de nous en paſſer. Voilà ce qui n'arrange pas du tout ceux qui croyoient arrêter la Conſtitution, en épuiſant le numéraire : de-là leur déchaînement contre les affignats, leurs efforts pour les difcréditer, tentatives inutiles qui tourneront toujours à leur honte! Le patriotifme n'en eft que plus difpofé à les protéger, à les accueillir, à les recevoir avec confiance, & le patriotifme eft plus fort & plus fûr de triompher, que la trifte malveillance.

Vous réuniffez toutes vos forces, Monfieur, pour porter le grand coup ; c'eft felon, vous, le coup de maffue; les affignats ne fe releveront pas de votre démonftration, ils auroient pu fe jouer de l'hypothèque, de la folidité que vous léur conteftez, vous les livrez à tous les fauffaires. Le moyen d'y réfifter ? *Non, on ne me démontrera pas, vous écriez-vous, qu'il eft impoffible de contrefaire les affignats.*

Oui, Monfieur, on ne vous le démontrera pas plus, que l'impoffibilité de contrefaire toutes les monnoies de l'Europe, les papiers publics qui y circulent, les lettres-de- change, les billets de banque d'Angleterre, &c. tout cela peut être, a pu, dans tous les tems, être contre-fait ; on ne s'eft pas pour cela corrigé de frapper monnoie, les papiers publics ont circulé; tout le commerce du monde fait ufage chaque année de plufieurs milliards de lettres-de-change. Les billets de banque font, en Angle-terre, le figne de toutes les richeffes, & malheur à vous, fi vous aviez ofez écrire dans ce pays contre ces billets, comme vous venez de le faire contre les affignats (1).

____

(1) Il y a quelques années qu'on n'avoit pas, en

Rien de plus puéril, Monsieur, que votre étalage de falsification ; on ne peut y répondre sérieusement. Vous auriez tout aussi bien prouvé qu'il ne faut pas marcher, parce qu'en marchant, on se donne une entorse, manger, crainte d'une indigestion, ou d'être empoisonné, négocier parce qu'il y a des frippons & des banqueroutiers, naviguer enfin, parce qu'on fait naufrage : on a une bien foible opinion des autres, quand on se permet de raisonner ainsi. Laissez faire le clairvoyant intérêt personnel, même *des Basques, des bas-Bretons*, & ils ne feront pas plus dupés par de faux assignats, *s'ils sont jamais dans le cas d'en recevoir*, (parce que le moindre est de 200 liv.) qu'ils ne peuvent être par un écu, ou un louis faux.

Croyez, Monsieur, que la surveillance publique & particulière se réuniront contre les falsificateurs des Assignats. Ils n'auront pas plus de succès, que n'en ont eu jusqu'ici les faux monnoyeurs, les contrefacteurs des billets de la Caisse d'Escompte, & la Police veillera sans cesse ; par tout on trouvera le type de comparaison, de vérification. Il sera envoyé à toutes les Municipalités du Royaume, avec les originaux des signatures, des Préposés, que l'Administration chargera de cette fonction.

Suède, d'autre monnoie que du papier & du cuivre ; aujourd'hui le papier y circule encore préférablement à l'argent. C'est à-peu-près la même chose en Danemarck ; cependant les billets n'y portent point d'intérêts, & l'on ne paroît point avoir pris de précautions extraordinaires contre les falsifications.

La vérification fera rapide & infaillible, on ne prendra des Affignats en païement que des perfonnes connues, ou qui fe feront connoître : quiconque négligeroit de prendre fes sûretés, ne pourroit fe plaindre d'avoir été trompé. — En partant de Paris, indépendamment des fignatures inhérentes aux Affignats, n'eft-il pas poffible qu'ils foient endoffés par les Banquiers, Négocians & autres, qui les enverront à leurs amis en province? Quelques fignatures fuffiront pour attefter qu'ils font de bon alloi, fur-tout quand elles feront de celles qui font généralement connues dans les villes de commerce. — Je vous fuppofe, par exemple, dans un coin du Royaume; on vous y préfenteroit un Affignat endoffé, figné *Korneman*, vous n'exigeriez pas fans doute que celui qui vous le remettroit, y ajoutât fa fignature. Les Affignats ne préfenteront donc pas les endoffements multipliés, qu'exigent les lettres-de-change.

Enfin le fervice des poftes ne peut-il être fait en France auffi fûrement qu'en Angleterre? Les porteurs de malles n'y font pas volés : ne peut-on pas couper les Affignats, & envoyer comme en Angleterre, la moitié par un courier, & l'autre moitié quand on a reçu l'avis, que le premier envoi eft arrivé? Le danger de la pofte eft fi peu effrayant, que les billets de la banque d'Angleterre, circulent chez tous les peuples commerçants.

Vous pouvez croire, Monfieur, que nous avons quelques connoiffances du commerce & de nos relations avec les Colonies. Eh-bien!

nous sommes loin de penser comme vous sur les effets des Assignats, sur tout ce qui touche à ce commerce. Quelquefois nous recevons de l'argent des Colonies, jamais nous ne leur en envoyons. Le Colon qui vend des denrées en France, les convertit en marchandises; cette conversion ne se fait pas seulement en argent, elle se fait en lettres-de-change. Que ces lettres soient payées en argent ou en Assignats, le Colon doit peu s'en inquiéter; cela ne change rien à ses négociations. Ou il paye ses dettes, ou il trouve pour ses denrées les objets qui conviennent à ses besoins, à ses consommations.

Nous devons beaucoup à l'étranger, remarquez-vous judicieusement; chez lui, il ne recevra pas nos Assignats, chez nous il les convertira en argent, & d'une manière comme de l'autre l'argent sortira.

Puissamment raisonné! réflexion très-juste! & cependant, Monsieur, qui ne signifie encore rien dans votre système. Les Assignats ne peuvent qu'améliorer nos relations avec l'étranger. Ici notre expérience est encore superieure à la vôtre.

Ce ne sont pas les Assignats qui ont occasionné notre dette avec l'Etranger. Si nous n'eussions pas eu d'Assignats, soit libres, soit forcés, comme vous voudrez, il auroit fallu également donner de l'argent pour nous acquitter. Vous ne pouvez imputer aux Assignats un malheur de circonstance auquel ils n'apportent aucun changement, à moins que vous ne nous démontriez que, sans les Assignats, on auroit pu payer les Etrangers fans argent.

Nous vous promettons de vous regarder comme un grand homme, de croire au magnétifme, même de regretter votre Sénat, fi vous nous donnez cette démonftration.

Nous avons bien cherché, Monfieur, en quoi pouvoient confifter les avantages des Affignats libres, plutôt que des Affignats forcés ; nous fommes fans doute fi bornés, que nous ne les avons pas trouvés. Nous avons bien vu, qu'on pouvoit employer contre les premiers *les excellentes objections* que vous faites contre les derniers, défaut d'hypothèque, falfification, fpoliation, &c. &c. (1) Nous avons bien vu que fans les gens mal-intentionnés, les Affignats font fi folidement hypothéqués, que leur forcement n'eût pas été néceffaire, & qu'on s'en fût difputé la poffeffion ; mais dans une grande fociété comme la nôtre, au milieu des bénédictions de la coalition, *dont vous ne paroiffez pas vous douter*, tout doit être forcé, afin que tout foit égal, tout, jufqu'aux Contributions Patriotiques, jufqu'aux aumônes, &c. &c. &c. afin que les bons Citoyens ne reftent pas feuls fous le poids des charges publiques & des efforts de leur patriotifme.

C'en eft affez : nous ne devons pas répondre, Monfieur, à tout ce qui eft étranger aux Affignats. Peut-être avons-nous même donné

---

(1) *Spoliation.* Nous laiffons ce mot ; car, fi l'Affemblée Nationale eût pris les 400 millions offerts par le Clergé, fuivant votre plan, nos Seigneurs & leurs échos auroient de même crié aux voleurs.

trop d'importance à un ouvrage bien mieux réfuté, par l'empreſſement général à recevoir les Aſſignats, que par les meilleurs raiſonnemens.

C'eſt envain que vous cherchez à ramener l'opinion publique, qui juge avec ſévérité vos proteſtations, qui les proſcrit comme contraires au reſpeċt, à la ſoumiſſion que tout Citoyen doit à la Nation, à la Loi, & au Roi. Ne vous diſſimulez pas que vos proteſtations auroient occaſionné de grand maux, ſi elles avoient été accueillies, imitées; & ſi chaque individu ſe croyoit la liberté d'uſer d'un *veto*, contre les decrets de la majorité, concevez-vous le déſordre, l'anarchie qui en réſulteroient.

Combien nous regrettons l'abus que vous avez fait d'un ſuperbe talent! quels ſervices vous auriez pu rendre à la Patrie! Ah! croyez qu'il eſt pénible de blâmer, de combattre un homme qu'il eût été doux d'eſtimer, dont nous aurions voulu juſtifier au moins les intentions; mais vous nous avez forcé de croire, de dire, qu'elles paroiſſoient encore plus coupables que dangereuſes.

Nous avons l'honneur d'être,

MONSIEUR,

Vos très-humbles &
très-obéiſſans Serviteurs

Les Membres de l'un des Clubs
Patriotiques du Havre.

CHASLON, *Secrétaire.*

EXTRAIT

Des Délibérations du Club Patriotique du Havre.

Du 4 Juin 1790.

L'ASSEMBLÉE duement convoquée en la manière accoutumée, ouï le rapport des Commiffaires par elle nommés par fa Délibération du premier de ce mois, confidérant que la Réponfe faite à la proteftation de M. Bergaffe, contre les Affignats, & à la lettre à fes Commettans, eft propre à affermir la confiance qui eft dûe aux Affignats, à étendre & propager cette confiance, à diffiper les illufions de ceux qui auroient pu concevoir des inquiétudes, autorife les Auteurs Membres de la Société, à faire imprimer cette Réponfe à fes frais & à y annexer la préfente Délibération. Fait lefdits jour & an que deffus.

COLLATIONNÉ par nous Préfident & Secrétaire de la Société, au Havre, le fix Juin mil fept cent quatre-vingt-dix.

CHEVREMOND,
En l'abfence du Préfident.

MOROGEAU,
Tréforier, faifant fonction de Secrétaire.

De l'Imprimerie des Bâtimens du R O I.

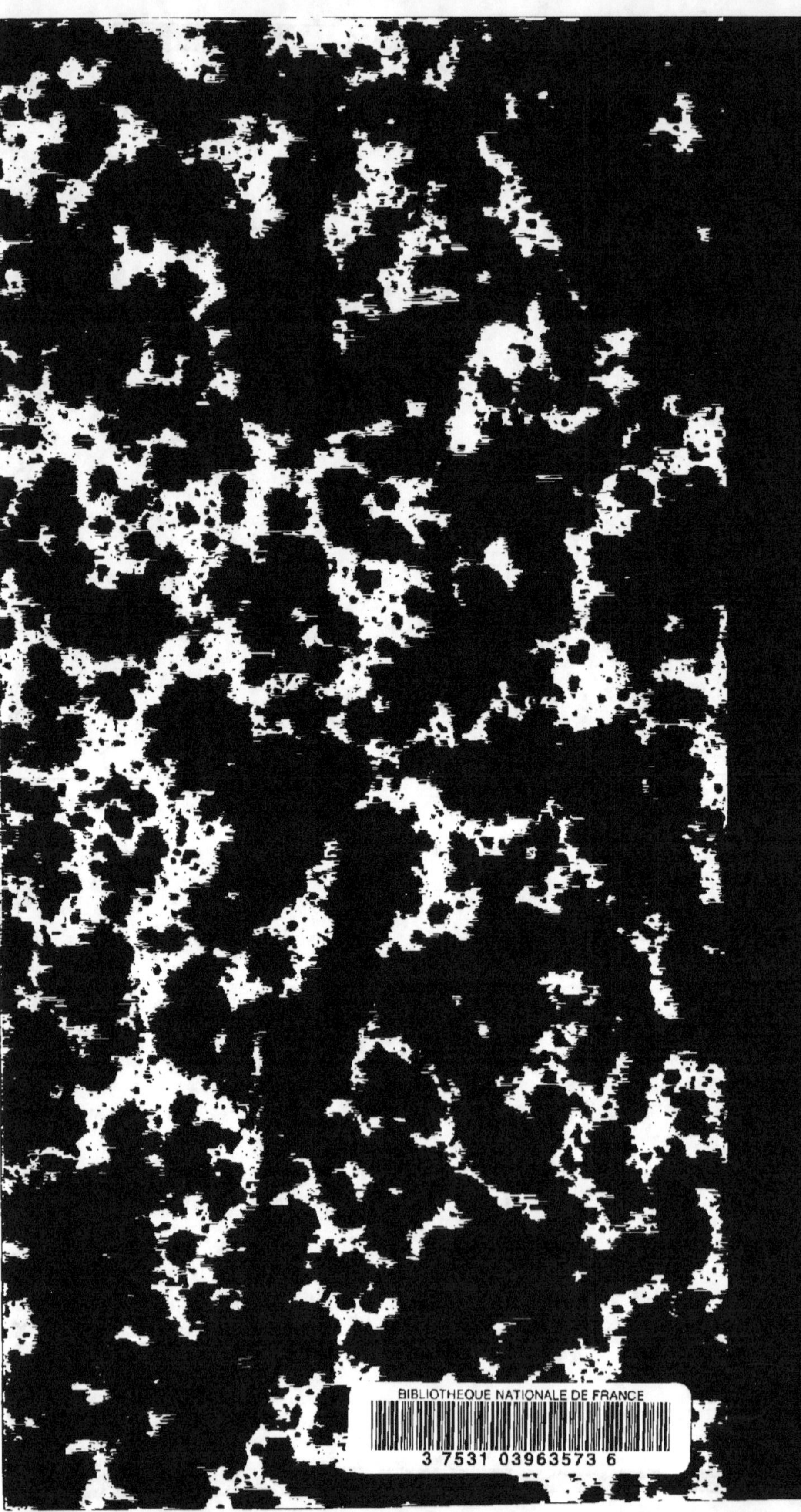
BIBLIOTHEQUE NATIONALE DE FRANCE